Büttenreden in Versen

10 gereimte Vorträge in Mainzer Art

Band 4

VERLAG OTTO TEICH · DARMSTADT

Das Vortragsrecht für öffentliche Darbietungen muß gesondert vom Verlag erworben werden.

ISBN 3–8069–0230–5

Titelzeichnung: Hans Thönes
Printed in Germany

Inhaltsverzeichnis

Ein Reiseberater

Büttenrede von Jürgen Müller

O mia bella Napoli,
wo fahrn mer denn in Urlaub hin?
Die Frage stellt sich unentbehrlich
dem Bundesbürger einmal jährlich.

Doch Gott sei Dank läßt sich beweisen,
daß manche heut schon zweimal reisen,
denn ständig schraubt der DGB
die Urlaubswochen in die Höh
un steigert dadurch immerhin
die Reiselust un mein' Gewinn!

Wenn das noch lang so weitergeht,
für mich e neu Problem entsteht:
Kein Mensch fragt mehr, es ist zum Lache,
wann wern mer dies Jahr Urlaub mache?
Die Frage heißt dann, wie ich sehe:
Wann wern mer dies Jahr schaffe gehe?

Ich war schon selbst, ihr habt mei Wort,
an jedem kleinen Urlaubsort,
den ich der Kundschaft offerier.
Von Mombach bis nach Agadir
hab ich geprüft inkognito
jed Bett, jed Küch und jedes Klo,
weil selten in Erfüllung geht,
was farbfroh im Prospekt drin steht!

Was nützt euch denn, ich sags frei raus,
en großer Swimming-pool vorm Haus,
wenn euch im Bett die Wanzen packe,
die Holzwürm in den Rahmen hacke,
bis nachts um drei die Musik übt
und ihr drei Wochen Kohldampf schiebt?!
Von sieben Kellnern sin drei schwul,
ei pfeif doch auf den Swimming-pool,
auf vier, fünf Stern un hohe Preise,
verdammt noch mal, das ist doch . . . Schwindel!

Un gehst du baden in die Welle,
schluckst du nur Dreck un Salmonelle!
Egal ob Juli oder Mai,
dein Urlaub is dann schnell vorbei.
Liegst statt im Sand mit deiner Biene
dann auf der Rotznas mit Trichine!

E Urlaubsreis heut zu empfehle,
fällt schwerer als Kartoffel schäle.
Biet ich was an, hör ich am Ende
nur lauter Gegenargumente.

Nehmt nur Italien, Land der Nudel,
der KPD und Maffia-Rudel.
Das ist kein Land mehr zum Erbaue,
weil die dort wie die Raben klaue!

Bei Österreich hör ich auch nur ‚danke'.
Die schlagen zu wie Geisteskranke.
Das Alpenland für schöne Reise
vertreibt die Leut durch hohe Preise!
Wer dort drei Wochen gut logiert
un kriegt die Rechnung präsentiert,

der fühlt sich wie mit Pech getauft,
als hätt er den Großglockner (ge)kauft!

Als einzig Wahres bleibt dir da
der Nackturlaub, sprich FKK.
Erwacht, ihr Feriendornröschen,
es Hemdchen aus un auch die Höschen!
Hier bin ich, jauchzet groß und klein,
ein Nacktarsch und ich darfs auch sein!

Der Nackturlaub macht Menschen froh.
Ein Prokurist aus Gütersloh
der hat beim Sonnen ganz betroffen
sei Putzfrau vom Büro getroffen.
Er hat die Kurven sich betracht
und eh vorbei die nächste Nacht,
da war die Putzfrau integriert,
als Sekretärin engagiert!

Ein Jahr danach steht dann das Paar
im Glück vereint vorm Traualtar.
Nun lebt sie still am Stadtrand drauß,
versorgt drei Kinder un das Haus,
un denkt für sich erbost un bitter:
Scheiß Nackturlaub, jetzt putz ich widder!

Viel Kundschaft kommt aus USA,
die noch nie vom Rhein was sah.
Wir zeigen denen Woch für Woch
die Rheinpfalz un es Binger Loch,
natürlich auch die Drosselgaß.
Nach zwei Stund sind die Amis naß,
sin bis zum Kragen voll mit Wein
un schmettern dann 'die Wacht am Rhein'!

Sieg heil, Germania auf der Höhe,
dann gehts nach Mainz, das muß mer sehe!
Dort steht der Oberbürgermeister,
im Nebel uns willkommen heißt er:
„Das ist die Stadt", ruft er un lacht,
„des Brauchtums un der Fassenacht.
Das ist die Stadt", sagt er im Dunst,
„der Jünger von der ‚schwarzen Kunst'!"
„Die kenn ich", schreit son Winnetou,
„der Bischof un die CDU!"

Entscheidend für e Urlaubsziel
sin Hobbyneigung, Sport und Spiel.
Wer Schlittschuh fährt, das sin so Tücke,
den kannst de net nach Indien schicke.
Wer Tanz als Hobby hat erkorn,
der is im Kölner Dom verlorn.
Hier merkt sogar ein Vollidiot,
e gut Beratung tut da not!

Der Golfer will nach USA,
der Taucher an die Adria,
die Kieler Bucht gehört dem Segler,
im Sauerland verkehrn die Kegler,
wer Schi fährt, bucht bei uns Lenggries,
ein Großteil fährt auch nach Paris
un lernt dort an der Seine beim Penne
den Akt Triumph persönlich kenne.
Hockt anderntags dann wie ein Gnom
geknickt im Invalidendom!

Ein großer Hit, das muß ich sage,
sin Reise an de Feiertage.
Am Weihnachtsfest für viel Monete
sin wir in Bethlehem vertrete.

Die goldig Mainzer Fassenacht
wird dann in Rio mitgemacht.

Zu Ostern fliegt nach Rom als Clou
die Spitze von der CDU
und läßt sich – wenn sie ihm begegnen –
von ihrem Chef, dem Papst, dort segnen.

Dann kurz darauf am ersten Mai
sin dann die Linken an der Reih.
Damit die auch ihrn Segen kriegen,
tun wir die gleich nach Moskau fliegen.

Nur einer bleibt allein zu Haus,
der teilt sich selbst sein Segen aus,
läßt sich bei Bier un Bockwurst feiern
in Wildbad-Kreuth als Papst von Bayern! –

Habt ihr schon Seite elf entdeckt
in unserm neuen Hausprospekt?
Ein Starprogramm fügte ich ein
mit Jubel, Trubel, Ritz am Bein.
Drei tolle Tage hier am Rhein
mit viel Rabatz un Narretein,
drei tolle Tag mit Fastnachtsposse
wird hier die Wutz heraus gelosse!

Humor und Spaß in froher Runde,
ein kleiner Flirt zu jeder Stunde.
Doch gebt mer acht, daß dieser Flirt
im Spätherbst net lebendig wird,
denn eins steht fest: An Fassenacht
wern net nur dumme Witz gemacht!
Statistisch kann mer das beweise.
Ich wünsche allzeit frohe Reise!

Helau!

Ein Wohlstandsbürger

Büttenrede von Willi Burger

Kostümvorschlag: Smoking oder Frack, große goldene Uhrkette, Ringe an fast allen Fingern, dicke Zigarre.

Wir sollen jetzt sparn, ihr habts ja gehört,
un alle Fraktionen habens erklärt,
der Stern un das Bild un die Quick hats gesagt.
Ich hab mir darüber Gedanken gemacht:
Wo soll ich sparn, das soll man mir sage!
Vielleicht am Öl un Benzin für den Wage?
Vielleicht am Brennholz fürn offne Kamin?
Am Wasser für die Geschirrspülmaschin?
An de Cocktail-Kirschen? Das wär ja das Neuste!
Wir können uns doch das Sparn nicht mehr leiste!

Wir haben Heizung mit Thermostat,
wir haben elektrische Boiler im Bad,
ein Radio, ein Tonband, ein Fernseh-Gerät,
der Rasen wird elektrisch gemäht,
ich tu mich morgens elektrisch rasiern,
nur noch elektrisch das Zahnfleisch massiern,
wir haben . . . was hab ich noch alles vergesse?
E Küchenmaschin mit alle Finesse,
wir haben nen Toaster, wir haben nen Grill,
bei uns wird elektrisch jeglicher Müll
zerkleinert bis auf das letzte Atom.
Wo soll ich sparn? Am elektrischen Strom?
Soll ich die ganzen Maschinen verschrotte?
Soll unsern Englischer Rasen verrotte,

bloß wegem Sparn? Das wär ja das Neuste!
Ich kann mir doch das Sparn nicht mehr leiste!

Ich hab unser Wohnung total renoviert,
im Kohlenkeller ne Bar installiert,
der erste Eindruck beim Eintritt ins Haus
das ist unsre Diele und so sieht sie aus:
Das halb Vestibül ist ein offner Kamin,
verziert mit verdellerten Töpfen aus Zinn,
ein römischer Torso aus 80 vor Christus
steht auf der Kredenz, die ist echt Klassizismus.
Die Wand ziert ein Riesen-Gemälde von Goya,
die Regenschirm stecken in Vasen aus Troja.
Jetzt soll ich sparn un krieg plötzlich Komplexe,
statt blühende tropische Zimmergewächse
stell ich als realistisch' Symbol
ein ‚fleißiges Lieschen' auf die Konsol
un dekorier den übliche Rest
mit Schießbude-Blume vom Feuerwehrfest.
Das paßt dann zusamme, das wär ja das Neuste!
Ich kann mir doch das Sparn nicht mehr leiste!

Sag ich zum Beispiel, ganz gegen mei Art:
„Jawohl, ab heut wird an allem gespart",
dann besucht mich mein Chef un bringt jemand mit,
den Kompagnon von Maier & Schmitt.
Und dabei dreht sich das ganze Gespräch
um Investitionen, um große Beträg.
Dann bittet die Hausfrau die Herrn zum Souper,
zu Pellkartoffeln mit Pfefferminztee,
beim Weingläserfülle erklär ich nervös,
Sprudelwasser wär doch jetzt zeitgemäß,

wir müßten doch sparn, sonst ginge wir um. –
Doch spricht sich das in meinen Kreisen herum,
dann will der Hausherr im voraus die Miet,
die Bank verweigert mir jeden Kredit,
das Auto wird letzten Endes gepfändt,
der Strom wird gesperrt und die Ehe getrennt,
dann sitz ich allein in dem Haus, dem verwaiste!
Ich kann mir doch das Sparn nicht mehr leiste!

Wie soll ich das Sparn denn am besten beginne?
Vielleicht am Wasser zum Whisky verdünne?
Der Wohlstand hat mich so fest in de Klaue,
mein Magen will nur noch mit Doornkaat verdaue.
Die Mode zwingt mich zu Extravaganze,
ich muß auf sämtlichen Hochzeiten tanze.
Un blut't auch meim Steuerberater das Herz,
die Müllern hat Bisam, mei Frau braucht nen Nerz.
Un ich brauch ne Uhr im Wohlstandsornat
aus purem Gold un von 18 Karat.
Zu Großvaters Zeiten war sie aus Nickel
un Klo-Papier war ein Luxusartikel.
Ei, soll ich um Inflationen zu trutze
das „Bild am Sonntag" für werktags benutze?
Soll ich der Frau ihrn Persianer rasiern
un soll ihn als Lodenmantel kreiern?
Den Swimming-pool, den teuer gemachte,
als Feuerlöschteich unserm Landkreis verpachte?
Bloß wegem Sparn? Das wär ja das Neuste!
Ich kann mir doch das Sparn nicht mehr leiste!

Ich kann gar nicht sparn bei de heutige Preise!
Soll ich das mit einem Beispiel beweise?
Letzt sagt mir mei Frau un sie gibt mir en Kuß:
„Ich bräucht ein Gefäß, wenn ich nachts einmal muß.

Geh hol mir ein Töpfchen, ich tu mich geniern!"
Ich laß mir im Kaufhaus verschiednes serviern.
Ei, das gibts nur mit Spieluhr für 80 Mark netto,
un wenn man sich setzt, spielts de ganz ‚Rigoletto'!
Erst wollt ichs nicht kaufen, da meckert mein Weib:
„Ja soll ich jetzt sparn an meim eigenen Leib?
So fängts schon an, ich bin doch nicht doof,
dann stellst du mir noch ne Latrin auf den Hof
und sparst dir das Wasser! Das wär ja das Neuste!"
Wir können uns doch das Sparn nicht mehr leiste!

Ich kann gar nicht sparn, das sag ich euch ehrlich,
das wär in dem Zeitalter viel zu gefährlich.
Gesetzt den Fall, ich nehm mir jetzt vor:
In Zukunft verzicht ich auf jeden Komfort,
ich geb nie mehr Partys im neudeutschen Stil,
ich manipulier nicht mit Spesen un will
aus Sparsamkeitsgründen mein' Wagen, den alte,
trotz neuster Modelle weiterbehalte.
Ich eß kei Austern un trink auch kein Sekt mehr,
un kauf meiner Freundin kein teures Konfekt mehr,
ich geh zu meim Hausarzt anstatt zum Psychiater
un nur mit der eigenen Frau ins Theater.
Ich fahr in den Schwarzwald anstatt nach Remondo,
ich überzieh nicht laufend mein Konto,
ich leb also sparsam, bescheiden un knapp. –
Das nimmt mir doch das Finanzamt nicht ab!
Die sage doch glatt: „Mein Freund, da bescheißte!"
Ich kann mir doch das Sparn nicht mehr leiste!

Jetzt sollen wir sparn, das ist doch abnorm,
wir machens ja schon seit der Währungsreform.
Wir haben gespart, das war doch so usus,
für Möbel, für Miet, für den Baukostenzuschuß.

Fünf Kinder – mit Absicht – heranwachsen lasse,
bloß wegen der besseren Lohnsteuerklasse.
Mei Frau hat, damit sie am Waschpulver spart,
son halbautomatischen Vollautomat.
Ich hab unser Heizung auf Öl umgestellt
nur wegem Sparn und nur wegem Geld. –
Was mach ich jetzt mit den trojanischen Vasen,
was mach ich mit zwei Hektar Englischen Rasen?
Jetzt zücht ich Karnickel in unserer Villa,
mei Frau füttert Hühner im echten Chinchilla! –
Da kommen sie jetzt, wo wir alles besitzten,
vom Küchenhandtuch mit den Brüsseler Spitzen
bis zu der Villa am Lago Maggiore
un reden vom Sparn un machen Furore.
Das ist doch absurd un das wisse die meiste.
Wir können uns wirklich das Sparn nicht mehr leiste!

Helau!

Ein Kegelbruder

Büttenrede von Jochen Kunz

Gestatten Sie, ich bin der Heiner
vom Kegelclub ‚Die vollen Neuner'.
Und unser Schlachtruf ist voll Stolz:
„Hipp, hipp, hurra, helau, gut Holz."

Bei uns da ist das so geregelt,
an jedem Freitag wird gekegelt
und nebenbei so schlecht und recht
nach Herzenslust der Durst gelöscht.
Das Kegeln gilt schon immerfort
für uns als echter Ausgleichssport.
Ob groß, ob klein, ob dünn, ob Dicke,
man läuft, man schiebt, man muß sich bücke,
und so treibt unser Kegelsport
so manche Krankheit spielend fort.
Vor allen Dingen gut fürs Herz,
und durch das Bücken gehn die ...
Luftbeschwerden fort – was solls,
hipp, hipp, hurra, helau, gut Holz.

Ich komm daheim so leicht nicht fort,
mei Frau hält nichts vom Kegelsport,
drum muß schon montags ich beizeiten
für freitags alles vorbereiten.
Ich muß mit List und Tück mei Alte
die ganze Woch bei Laune halte.

Ich spül Geschirr und mach die Better *(Betten)*,
ich wasch die Wäsch bei Wind und Wetter.
Ich führ sogar, ich glaub es knallt,
dreimal am Tag den Hund in' Wald
und Gassi-Gassi voller Stolz.
Hipp, hipp, hurra, helau, gut Holz.

Zweimal im Jahr, das ist die Regel,
verlassen wir den eignen Kegel
und machen unsern Ausflug dann.
Da ist was los, mein lieber Mann!
Wir fahrn ja meistens nicht so weit,
das schlimmste ist und tut uns leid,
es sagen die Statuten aus:
Kei Frau fährt mit, die bleibn zu Haus.

Kaum sind mir aus dem Städtchen drauß,
da packt der Schorsch die Strohhüt aus.
Und alles singt, ist froh und lustig,
Blumen steckt man an die Brust sich,
und mitsamt der Kegelkass
geht es in die Drosselgass. –
In des Rheingaus engster Gasse
wird die Wutz aufs Dach gelasse!
Beim Lindenwirt in seiner Stub
da sitzt ein Damenkegelclub.
Froh gestimmt bei Flaschenwein
singe die ‚Die Wacht am Rhein'.
Unser Präsident rief frech:
„Nein – was haben wir ein Pech",
und wir mußten – nicht zum Lache –
gegen die nen Clubkampf mache.

Ich bin ehrlich, keiner wollts!
Hipp, hipp, hurra, helau, gut Holz.

Wir warn Sieger! Sieg genosse:
Mensch – was ist der Wein geflosse!
Jeder trank so viel er kann. –
Voll wie hunderttausend Mann
wollten wir im Rhein erst bade,
doch da hat man uns verlade
kreuz und quer im Omnibus,
weil es heimwärts gehen muß. –
Irgendwo kräht schon ein Gockel,
die Germania auf ihrm Sockel
fragt: „Seid ihr des Weines volls?
Hipp, hipp, hurra, helau, gut Holz."

Dann kam ich heim zu meiner Treue.
Ich hab gemeint, die würd sich freue,
wollt mich lege und wollt penne,
da fängt die auch noch an zu schenne (*schimpfen*):
„Wo kommst du her – es ist halb acht,
kein Auge hab ich zugemacht."
Da sagt ich leise dann zu ihr:
„Ich auch nicht, tröste dich mit mir!
Du liegst im Bett und ich muß schwitze,
auf harten Wirtschaftsstühlen sitze,
bei Wind und Wetter – kannst mal sehe –
mußt laufend ich am Büfett stehe!
Da wird geschwätzt und wird gestritte,
muß eiskalt Bier in' Bauch mir schütte!
‚Vergnügen' sagst du?! Ach was solls?!"
Hipp, hipp, hurra, helau, gut Holz.

Jetzt darf ich leider nicht mehr fort,
vorbei ists mit dem Kegelsport.
Ich hab Befehl von meiner Alten,
soll sportlich mich daheim entfalten.
Könnt zweimal täglich Teppich klopfe,
es gäb auch Strümpfe oft zu stopfe,
ich könnt ihr helfe da und dort,
das wär ein prima Ausgleichssport. –

Nur eins – das hat mei Frau vergesse:
Ich bin auf Fassenacht versesse.
Tut irgendwo ne Geige kratze,
kein' Mensch, kein' Gaul und gar nichts hatt se,
was mich ans traute Heim dann klammert.
Und wenn sie noch so tobt und jammert,
dann jubelts in mir froh – dann rollts!
Hipp, hipp, hurra, helau, gut Holz!!!

Helau!

Ein Steuerzahler

Büttenrede von Willi Burger

Kostümvorschlag: Hemd, Unterhose, Socken, Straßenschuhe

Mein Aufzug is gar net so wirklichkeitsfremd,
die ziehe uns eben aus bis aufs Hemd.
Ich war net massiern, das kann ich beteuern,
ich komm vom Finanzamt und zahlte mei Steuern!

Das sind vielleicht Räuber, kann ich euch sage,
die nehme dir Geld ab ohne zu frage,
un das im voraus un gleich auf Verdacht.
Ich hab diesen Brüdern en Vorschlag gemacht:
„Hier habt ihr mein' ganzen Verdienst – nehmt ihn hin –
un gebt mir en Bon für die städtisch Kantin,
en Gutschein vom Flohmarkt fürn Teller un Dippe *(Topf)*,
e Märkchen pro Woch für zwei Kästchen zu tippe,
un e Zimmer im Wohnheim mit Bad un Latrine,
mehr kann ich im Leben ja gar net verdiene!

Der Mensch hat nicht immer nach Reichtum gestrebt,
wie haben die Urahne früher gelebt?
Im Urwald da gabs für den Anhang der Sippe
en kräftigen Eintopf im erdenen Dippe *(Steinguttopf)*,
un hat er mal ganz besonders geschmeckt,
dann wurd er gemeinsam schön sauber geleckt.
Un niemand von dene halbnackte Wese
verlangt en exakten Beleg für die Spese!

Unterentwickelt? – Was soll das Gestrunz?
Ei, dene gings doch viel besser als uns!
Die haben das Fleisch von den Knochen genagt,
die Affen aus dem Tabak gejagt,
Bananen gefuttert un Himbeern gepflückt,
die haben kein Brief vom Finanzamt gekriegt!

Die haben uns Nachkommen auf dem Gewisse!
Warum haben die aus dem Wald laufen müsse?
Un aus ihren Höhlen un ihrem Gemäuer?
Was ham mer davon? Die Einkommensteuer!

Schon bei den Ägyptern, beim Ramses dem Zweite,
da hatt die Bevölkerung furchtbar zu leide.
Wie oft hatt mer nur unter senge un brenne
die Hälft von den Abgaben eintreiben könne.
Heut wird net gesengt un heut wird net gebrennt,
heut kriegste Besuch un dann wirste gepfändt!

Was haben die Leut – un sie warn net verwöhnt –
einst unter dem alten Graf Pippin gestöhnt!
Denn damals wars üblich, nebst einige ‚Pflichte'
dem gnädigen Herrn seinen ‚Zehnt' zu entrichte.

Zehn Prozent nur, was wär das ne Wonn,
da träume wir Steuerzahler davon.
Nicht, daß mer dem Fiskus sein Anteil nicht gönnt,
doch viel fehlt bald nicht mehr an 50 Prozent!

Von zehn Kartoffeln sin fünf für de Staat,
der Rest gibt e bißchen Kartoffelsalat
für die eigne Familie. Da könnt ihr euch denke,
warum soviel Männer ihrn Kummer ertränke!

Was is da allein für den Klerus gedacht!
Wenn ich mir mei Kirchensteuer betracht,

da könnt mer wahrhaftig un ohne zu prahle
en Pfarrer mitsamt seiner Köchin bezahle!
Das is doch seit Rom un seit Cäsars Erdolchung
die neueste Form von der Christenverfolgung!

Wies jeden von uns eines Tages mal trifft...
ein blauer Brief, unpersönlich die Schrift:
„Sie haben laut unserer Jahrespauschale
am Soundsovielten soviel zu bezahle!"
In was fürn Verein, so frag ich erschüttert,
bin ich da als zahlendes Mitglied geschlittert?!

Was wird aus dem Geld – verdammt noch emal?
Kein Jahresausflug, kein eignes Lokal,
kein Nikolausfest für die clubeignen Kinder,
Vereinsleben is überhaupt keins dahinter!
Da kriegt mer en Zorn so groß wie e Haus.
Mein liebes Finanzamt, bei dir tret ich aus!

Ja, wenn mers nur könnt, was bin ichs so leid,
doch jedes Jahr kommt en Steuerbescheid,
zahlbar in Rate, in drei oder vier,
computergerechnet auf Endlospapier.
Wer prüft denn das nach un wer macht sich die Müh?
Bei uns sin Computer wie heilige Küh.
Doch mittlerweile mußt mer erfahrn,
daß Steuerbescheide u n r i c h t i g warn...
15 von hundert – da guckste betroffe,
der Herr Computer war wieder besoffe.

Ein kleiner Geschäftsmann – egal welche Sparte –
muß stündlich en Steuerprüfer erwarte.
Da kommt dann das Unglück persönlich ins Haus,
wochenlang geht er bei dir ein und aus,
er sitzt auf deim Stuhl un er geht auf dein Thron *(Klo)*,
als wär er verwandt un dein eigener Sohn,

studiert all dei Akte, intimste Notize,
die Händ sind am Zittern un Blut tust du schwitze,
drückst sämtliche Daume, ein jeder wirds wisse,
wer hat denn noch nicht des Finanzamt beschisse?!

Un machste Sperenzchen, verlangt er sogar
den Abreißkalender vom vorigen Jahr.
Dann wirste veranlagt, das is nicht zu fasse,
sämtliche Federn un Haar mußt de lasse,
da wirste gerupft vom Kopf bis zum Schwänzje,
die nehme dich aus wie e Weihnachtsgänsje.
Fehlt nur noch, daß sie die leibliche Hülle
mit alte Steuererklärunge fülle,
halten dich einen Moment in die Flamme
un nähen dir hinten den Bobbes zusamme!

Alles was gut ist un schön auf der Welt
das wird dir durch irgend ne Steuer vergällt.
Es gibt kaum Vergnügen, die gar nix mehr koste,
je größer der Spaß, desto größer der Poste.
Fehlt nur noch, daß dir so ein paar Schlaue
ein amtliches Zählwerk ins Schlafzimmer baue!

Sooo abwegig is doch das gar net mehr heut.
Ich weiß net, was Körperschaftssteuer bedeudt,
doch tut sich der Staat überhaupt net geniern,
von gewissen Damen das Geld zu kassiern.

Das wär so ne kniffelig Frag für das Quiz,
wer heute der größte Zuhälter is!

Beim Staat hat mer immer deneben getippt,
mer wundert sich, was es für Steuern all gibt!
Du hast e alt Tante mit ziemlich viel Moos *(Geld)*,
auch sonst gut betucht un noch ledig und los,
du machst ihr die Kur auf alle Bereiche,
du tust ihr die Händ un die Bäckelchen streiche,

un siehst nur ihr Geld un die Erbschaft im Geiste,
doch wenn sie mal stirbt, wer erbt dann am meiste? –
Der Vater Staat, damit ihrs nur wißt.
Hat d e r ihr die runzlige Wange geküßt?
Sie treulich geführt un hat „Achtung!" gerufe?
„Vorsicht! Da komme zwölf ganz steile Stufe?" –
Der hätt deiner Tante Sibyll noch dazu
e klei Stumperche (*Stoß*) gewe .... genauso wie du!

Genußmittelsteuer gibts auch noch zum Schluß.
Wer hat denn vom Rauchen den meisten Genuß?
Der Zucker, das Salz is mit Steuern gepaart,
bei jeder Kann Kaffee e Täßchen fürn Staat,
ob Whisky, ob Korn oder Weinbrandverschnitt,
dein stiller Teilhaber säuft immer mit!
Und lebst du asketisch un bist so kein Prasser,
er profitiert auch vom Leitungswasser!

Er nimmt es von dir un er nimmt es von mir,
vom erste Schluck Milch bis zum letzte Glas Bier.
Und an dieser Schraube wird dauernd gedreht,
un dauernd wern sämtliche Steuern erhöht!

Mit Heizöl da macht er uns jedes Jahr blank,
beim Treibstoff da is er der Tiger im Tank,
mit Dieselöl füllt er sich gleichfalls die Schlappe (*Pantoffeln*),
un was erst wir Kraftfahrzeughalter berappe,
ohne die Parkuhrn – ich weiß, was sie wolle –
un ohne die saftigen Strafprotokolle!

So zahlt mer als Bürger jahrein un jahraus,
die Steuern in bar un meistens voraus,
un kriegt noch kein einzige Pfennig Rabatt.
Was hab ich das Steuerbezahlen so satt!!

Helau!

Mann contra Frau

Streitgespräch von Willi Steinbrech

ER (*tritt zunächst allein auf*):
Wenn man von den Damen spricht,
kann man sehr viel Gutes sagen.
Jedoch Genaues weiß man nicht,
ob Damen auch Kritik vertragen.

Das zu testen, fang ich an,
denn ich behaupte ohne Strunz:
Ein Mann ist eben doch ein Mann!
Drum jetzt die Wahrheit über uns:

Es gibt gar vieles, was sich lohnt,
daß mans bewundern kann,
doch haushoch über allem thront
in Perfektion der Mann!

Er ist verläßlich, treu und fest,
ist edel und belesen,
bis er sich dann umgarnen läßt
von jenem andren Wesen.

Du edler Mann gibst edles Pfand,
um Edles zu beweisen,
doch bald hast du den Tausch erkannt:
Gold für altes Eisen.

Und deshalb, holde Weiblichkeit,
ein Wort klingt rein und klar,

merkt es euch für alle Zeit:
Der MÄNNERTREU hipp, hipp, hurra! *)

Jedoch es wäre nicht galant
und außerdem vermessen,
blieb das Weib hier ungenannt,
drum will ichs nicht vergessen.

Ein Weib. Ein zartes, feines Ding,
es lockt uns in die Ehe,
doch aus dem bunten Schmetterling
entpuppt sich eine Krähe.

Ein Mann verlangt nach Zärtlichkeit,
sein Charme ist ungewöhnlich.
Wenn wir erscheinen, heißts ...

SIE: *(erscheint und fällt ihm ins Wort)*
... Ihr liebe Leut:
Münchhausen kommt persönlich!

Von wegen Sinn für Zärtlichkeit,
kaum tun sie heimwärts dotze *(kommen)*,
da liegen sie schon faul und breit
vorm Kasten und tun glotze.

Ob Fledermaus, ob Mickymaus:
Es flimmert Jahr für Jahr.
Und trotzdem halten wir es aus!
Der FRAUENTREU hipp, hipp, hurra!

ER: Wer bietet euch des Lebens Pracht
und trägt selbst Abgewetztes?!

*) *Es erhöht die Stimmung, wenn ER die Männer und SIE die Frauen dazu animieren, beim ‚hipp, hipp, hurra' einzustimmen.*

Wer schenkt euch denn die Hochzeitsnacht
voll Glück und gibt sein Letztes?!

Es war einmal ein Dekolleté!
Was ändern sich die Zeite!
Die Knospe, die im Geist ich seh,
blüht heut als Trauerweide.

Wenn ihr euch pfundweis auch vermehrt,
wenns gilt, dann sind wir da!
Dies zeugt von unsrem inneren Wert.
Der MÄNNERTREU hipp, hipp, hurra!

SIE: Stellt euch einmal en Spiegel uff,
so kurz vorm Schlafengehe,
betracht' euch einmal ohne Bluff
so klar, wie wir euch sehe:

Vom Bierbauch bis zum Doppelkinn
da sieht man faules Fleisch,
und dort, wo sonst die Bizeps sin,
ist alles schlapp und weich!

E Taille wie e Litfaßsäul,
die Schultern einer Mücke
und Waden wie e Schleiereul,
als Haarpracht ne Perücke!

Man denkt, wenn so was vor eim steht
und wie er früher war:
Kinder, wie die Zeit vergeht!
Der FRAUENTREU hipp, hipp, hurra!

ER: Früh morgens wenn der Tag erwacht,
da kommt sie wie en Gickel *(Gockel)*,

mit-Schmalzgesicht als Fee der Nacht
und fünfzig Lockenwickel.

Und tritt sie in das Zimmer ein
wie Donald Duck mit Schleier,
da meint mer, es käm Frankenstein
von Metro-Goldwyn-Mayer!

Doch trotzdem rufen wir voll Freud:
„Liebling, bist du da?
Schatz, nimm dir Geld, kauf dir ein Kleid!"
Der MÄNNERTREU hipp, hipp, hurra!

SIE: Wenn morgens du geschüttelt werst (*wirst*),
„Steh auf, ich muß bald sause!",
da kommt die Unterlipp zuerst
und dann der Star vom Hause.

Er hockt sich an sein Frühstücksbrot
und kratzt sich seine Glatze,
und weit hinaus ins Morgenrot
hört man ihn kräftig schmatze.

Dann zieht sie los, Bambelschnut,
es wirkt so lebensnah,
wenn sie am Boden schleifen tut.
Der FRAUENTREU hipp, hipp, hurra!

ER: Bei aller Sehnsucht nach dem Glück
hat es der Mann am schwerste.
Denkt man ans Paradies zurück:
Der Adam war der erste!

SIE: Den Apfel nennt man immer wieder,
man kanns uns nicht vergesse.

Was wollt ihr denn, ihr Rohkostbrüder,
ihr habt doch auch davon gefresse!

ER: Seit damals dröhnt der Donnerhall,
als wollte er bekunden:
O Mann, vergiß den Sündenfall,
bleib stark in schwachen Stunden!

SIE: Das ist euch Wasser auf die Mühl,
ich sags euch im Vertrauen:
„Laßt nur den Apfel aus dem Spiel,
ihr seid zu faul zum kauen!"

ER: Mit Amors Pfeil und Liebesschwur
sind wir euch nachgeloffe.

SIE: Wahrscheinlich hat das Kerlchen nur
den Ischiasnerv getroffe. –
Mein Charme schaust du bewundernd an,
ich merk das doch tagtäglich.

ER: Und immer denk ich: Neckermann
und Schaumgummi machts möglich.

SIE: Die wahre Schönheit seht ihr nit,
die kunstvoll wir gestalten.

ER: Was nützt der beste Spachtelkitt,
Falten bleiben Falten!

SIE: Wir gehn mit euch zum Traualter,
tun freudig unterzeichne.

ER: Weil sich zur Ehe, das ist klar,
zwei Jungfraun nicht gut eigne!
Mer steht sein' Mann stets pflichtgetreu
zu jeder freien Stunde.

SIE: Dabei dreht, wie könnts anders sei,
er Tag und Nacht sei Runde.

Zu Hause kleb ich Bilder an
von ihm, was ein Theater,
daß ich den Kindern sagen kann:
„Der Mann ist euer Vater."

ER (*zum Publikum*): So hat halt jeder sein' Bereich

SIE: und glaubt sich unentbehrlich.

ER: Gibts dies und das nicht auch bei euch?

SIE: Hand aufs Herz, seid ehrlich!

ER: Wir holten euch den Spiegel her.

(*Beide holen einen Spiegel hervor und spiegeln ins Publikum*)

Sie: Er zeigte, was geschah.

ER: Und schade wärs, wenns anders wär.

SIE: Helau!

ER: Helau!

BEIDE: Hipp, hipp, hurra!

Im Großstadt-Verkehr

Büttenrede von Willi Burger

Wir haben uns zu einem Auto bequemt,
weil sich mei Frau vor der Nachbarschaft schämt.
Es war ein Mercedes, doch spielt das kei Roll,
mich nimmt man sowieso nicht für voll.

Mein Fahrlehrer schwor mir schon immer beim Fahrn:
„Bis Sie das kapiern, da verlier ich mei Haarn!"
Kei Stund is vergange ohne den Satz.
Dann hatt ich bestande – und er hatt e Glatz.

Ich hatt mit dem Auto schon alles probiert,
mein Hoftorpfosten war auch repariert,
ich wußt wie man bremst un wußt wie man fährt,
da hat mir mei Frau eines Tages erklärt:
„Jetzt fährst du nen Wagen, daß jeder sich wundert,
un hast noch en Anzug vom letzten Jahrhundert!
Du braucht e Paar Schuh un du brauchst e Krawatt,
dich kann man nicht sehe, das bin ich jetzt satt.
Da pfeif ich dir drauf auf den rassigen Wage!
Was ich alles bräucht, will ich gar nicht erst sage!
Jetzt bist du im Vor- und im Rückwärtsfahrn fit,
du fährst jetzt nach *(nächste Großstadt)* und mich nimmst du mit!"

Ich hab mich gewunden un hab mich gewehrt:
Sie hätt wohl noch nichts von ner Großstadt gehört,
ich hätt noch kei Praxis im Straßenverkehr,
das wär nicht so einfach, das wär furchtbar schwer.
Ich hatt noch ein Dutzend Bedenken im Hirn –
mei Frau die wollt fort un war nicht zu beirrn.

Dreihundert Mark, mehr gäb sie nicht aus,
und morgen gings los un um vier müßt ich raus.
Da wär kein Betrieb, da wär alles noch still,
mich hat sie nicht mehr gefragt ob ich will.

Um dreiviertel vier hat der Wecker gerasselt,
das war gar nicht nötig, mei Frau hat gequasselt.
Kurz vor fünf Uhr da sind wir schon fort,
ich sag noch so schön: „Um sechs sind wir dort!"

Mein erster Versager den hatt ich bereits
am ersten besten Autobahnkreuz.
Das nennen die ‚Kreuz', die Autokollege?
E Achterbahn is ein Dreckding dagege.

Schon warn wir drin in dem großen Schlamassel.
Was nützen mir Schilder: Nach Köln oder Kassel!
Ich will nicht nach Stuttgart: „Frau guck auf die Kart,
ich will auf dem nächsten Weg in die Stadt."

Sie sagt: „Nach links" und ich denk gradaus,
da wars schon zu spät, da warn wir schon drauß.
Un bis ich die Situation überleg,
da warn wir schon lang auf dem falschen Weg.
Wir müßten zurück, aber können vor Lache,
mei Frau sagt: „Fahr rückwärts, das darf man doch mache!"
Da kam grad e Ausfahrt, ich wollt ja nur drehe,
ich hab nicht den grünen Wagen gesehe.
Auf einmal die quietschts, mei Frau wird ganz weiß,
da wern wir gestoppt, es warn ‚Weiße Mäus'.
Ich krieg ne Belehrung im saftigen Ton,
der Mann hat gebrüllt so mit zweihundert Phon!
Und nachher die Strafe, das war der Rekord,
das erste Viertel vom Anzug war fort.

Was nützen da Vorwürf, das Geld war verspielt,
ach hätt ich nur vorher nach rückwärts geschielt.

Da sagt mir mei Frau un das hat mir gestunke:
„Ich hab se gesehen! Ich hab noch gewunke!

Die nächstbeste Ausfahrt, dort sollten wir drehe,
die hab ich vor lauter Zorn übersehe.
Dann bogen wir ab, ich weiß nicht wos war,
ich kam mit der Kart überhaupt nicht mehr klar.

Kurz vor der Stadt, es war dreiviertel acht,
da haben wir schnell noch ein Frühstück gemacht,
und bei dem Bezahlen war ich am denke,
du kriegst nur en Anzug wenn sie dir'n schenke.

Dann hab ich bezahlt, die Gläser warn leer,
hinein, Onkel Otto, in den Großstadtverkehr.
Das war ein Trubel, kann ich euch sage,
hüben un drüben warn Wage an Wage.
Die kenne da nix, die fahrn wie sie wolle,
die halten kein Abstand, da gehts in die Volle.
Un da wird gebaut un da wird geteert
un da is gesperrt un da ists verkehrt
un Ampel an Ampel, ei laßt mir mei Ruh,
ich hatt alle Füß voll mit bremsen zu tu!

Dutzendweis Schilder, wer kennt sich da aus,
ich sag zu der Frau: „Hol den Stadtplan heraus.
Sonst fahrn wir nach City und nie in die Stadt,
un ich krieg kein Anzug un krieg kei Krawatt.

Bis über die Brück wars dann gar nicht mehr schwer,
auf einmal warn wir im Kreisverkehr.
Was soll ich da lügen, es hatt ja kein Sinn,
um dreiviertel elf warn wir immer noch drin.
Ein freundlicher Laster der hat uns erlöst,
sonst wärn wir bis abends im Kreis rumgedöst.

Ich ab wie der Blitz ohne ‚Stop' zu beachte,
ich hat gar kei Zeit, um das Schild zu betrachte,
ich guck nicht nach Straße, ich guck nicht nach Name,
ich seh nur den Bahnhof, ich les nur Reklame,
die Straß war verpinselt mit Linien un Striche,
ich kurbel am Lenkrad, mei Frau greift dazwische,
da zuck ich zusamme un schon tut es knalle,
un quer auf die Straß is die Ampel gefalle.

In einer Stunde war alles vorbei,
da war sie auf Zack die Verkehrspolizei.
Mei Stoßstang war hin, als die Ampel drauf krachte,
mei Frau konnt mit Ruh die Geschäfte betrachte.

Jetzt hatten wir Hunger und wollten was esse,
den Anzug den hatt ich schon beinah vergesse.
Am Marktplatz hat jeder zwei Würstchen verdrückt,
da hab ich halt wieder die Brieftasch gezückt. –
Zurück ins Auto, jetzt warn wir gestärkt,
un niemand von uns hat den Zettel gemerkt.
Erst unterm Fahrn da wir ich mir sicher
über den Zettel am Scheibenwischer ....
Von wegen Pigall, feminine Umgarnung,
das war ne gebührenpflichtig Verwarnung!

Dann gings in die Innenstadt, da wars noch toller
wie vorher am Bahnhof, da wars noch viel voller.
Da komme die Autos von alle vier Seite,
kein Teufel weiß, was die Strich all bedeute.
Das sieht ja aus wie ein Schnittmusterboge,
als hätt der Picasso die Linien gezoge.
Da haben ja Taxis ihr Last, daß sie wisse,
wohin daß sie solle un wohin daß sie müsse.

Mei Frau schreit: „Die Simpel, die fahrn uns ja tot!
Da kannst du nicht halten, fahr los, es ist rot!"

Nur weg von der Hauptstraß, die war ich jetzt satt,
behalt' euern Anzug mitsamt der Krawatt,
rechts in ein Gäßchen, man hats kaum gesehe,
ich sag: „Jetzt ist Schluß, hier bleiben wir stehe."

Da kommt schon ein Schutzmann un fragt uns geschwolle,
was wir verkehrt in der Einbahnstraß wolle?
Da vorn wär das Schild und ich ein Idiot,
und außerdem wärn wir im Halteverbot!
Ich bräucht mich nur noch ein wenig zu brüste,
zehn Mark würd das kosten, damit wir das wüßte.
Ich sag: „Ich bezahl nix, das ist mir egal!"
Da sagt der: „Von mir aus, Sie haben die Wahl.
Da mach ich ne Anzeig, da kann ich verspreche,
da müssen Sie aber das Zehnfache bleche!"
Die Leut drumherum, das war ne Blamage,
„Du kannst . . ." wollt ich sagen, doch ich hatt kei Courage.
Dann hab ich bezahlt, ich konnts nicht vermeide,
ich war halt vom Land und der konnt mich nicht leide!

Dann hab ich mich wieder ans Steuer gesetzt
un hab überlegt, wo sind wir denn jetzt.
Un wie wir so rate un wie wir so streite,
was all die verschiedene Schilder bedeute,
da seh ich schräg die großen Geschäfte,
ich tret auf die Fußbrems mit sämtliche Kräfte,
rechts mußt ich rum und ich war in der Mitte,
e Trambahn is komme, die hab ich geschnitte,
da sieht mich ein Schutzmann vom nächsten Revier,
und ich hatt mein Strafzettel Numero 4.

Doch das nebenbei, sonst dauerts zu lang,
hier gabs all das Zeug en gros von der Stang.

Hier warn die Geschäfte, die neue, die große,
für Schuh und für Strümpf un für Hüt un für Hose,
mit Kleidern und Anzüg für alle Gestalte,
hier warn wir richtig . . . un durfte nicht halte!

Ihr Kinder, was is so e Großstadt so groß.
Überall is der Teufel dort los.
Wir warn im Nordosten un warn in Südwest,
an sämtlichen Bahnhöf, im übrigen Rest,
auf alle Plätz und in alle Alle-e,
meint ihr, wir hätten nen Parkplatz gesehe?

Da hatt ich genug, es war schon gleich sechs,
seid ihr mal seit morgens um vier unterwegs.
Ich sag: „Jetzt ist Schluß! Behalt euern Frack!"
Mei Frau war schon pleite, ich hatt noch zwei Mark.
Ich miet mir ne Taxe, die fährt vor mir her,
es war ja schon Feierabendverkehr
und nie käm ich aus diesem Trubel mehr raus,
das Taxi geleitet mich bis vor mein Haus.

Bis in die Wohnung ist nix mehr passiert,
dann hab ich gerechnet und alles addiert:
Zweimal gefrühstückt und dreimal getankt,
sagen wir hundert, wer weiß ob das langt!
Achtzig die Taxe, ganz grob überschlage,
summa summarum mir dreht sich der Mage,
e Beul in der Tür un die Ampel lädiert,
die Stoßstang im Eimer, die Randstein radiert,
ich hatt ne Anzeig un vier Protokolle,
ohne den saftigen Autobahn-Knolle.
Mein Geld war beim Teufel, da hatt ich mei Fett, –
den Anzug hab ich immer noch net!

Helau!

Ein Rosenkavalier

Büttenrede von Willi Steinbrech

Mit Rosen möchte ich den holden
Frauen heut den Tag vergolden.
Nur euch allein sei, meine Lieben,
hier ein Loblied aufgeschrieben.

Gewiß, es weiß wohl jedes Kind,
daß w i r die Herrn der Schöpfung sind,
doch Eitelkeit? Ach nein doch, nein,
die fiele uns im Traum nicht ein.

Drum will ich hier – und zwar für jeden –
statt über uns, von e u c h jetzt reden.

Ein Mann, ich sag es gerne hier,
war schon seit jeher Kavalier.
Er ist – ich find das einfach toll –
jederzeit des Lobes voll,
wenn es gilt, mit freiem Lachen
euch ein Kompliment zu machen.

Dezent, galant geht er zu Werke.
Na ja, es ist halt unsre Stärke,
mit Worten einen Strauß zu binden
und eben jenen Ton zu finden,
von dem – was ich so herrlich find –
die Frauen hell begeistert sind.

Es liegt uns irgendwie im Blut,
charmant zu sein, mit Edelmut

frohen Herzens Freud zu schenken
und erst zuletzt an sich zu denken.

Wird man gefragt, wie man das schafft:
Energie und Nervenkraft,
Selbstbeherrschung, Selbsterkenntnis
und vor allem viel Verständnis . . .
Alles Dinge, wie ich find,
die uns Männern eigen sind!

Unsre Tugend alle Zeit
ist und bleibt Bescheidenheit.
Unsre Stärke heißt: Verzichten!
Die Erfüllung unsrer Pflichten
war seit jeher größtes Ziel.
Keine Mühe ist zuviel,
wenn es gilt, euch zu beschenken,
stets zuerst an euch zu denken.

W i r brauchen nichts, denn nur allein
ein M a n n kann wunschlos glücklich sein!

Doch eines wollen wir auf Erden:
Wir wollen nicht bewundert werden!
Nur e u e r Wohl, das macht uns froh,
c'est la vie – wir sind halt so!

Doch kein Wort von uns, allein für euch Lieben,
hab ich dieses Loblied aufgeschrieben.

Doch vorher möcht ich noch in Kürze
ein Erlebnis voller Würze
nebenbei zum besten geben,
nur ein Mann kann das erleben.

Zum Juwelier bin ich gelaufen,
um wieder mal was einzukaufen
für meine Frau. – Ich tu das oft!
Da stand doch plötzlich unverhofft

ein eleganter Herr vor mir:
Tolles Aussehn, Kavalier,
Ich spürte auf den ersten Blick:
Das ist Klasse, Rasse, Schick!

Begeistert warn, muß ich gestehe,
auch alle Damen in der Nähe,
und grinsend dachte ich für mich:
Was die jetzt denke, denkt mer sich!

Kurz und gut, das war ein Mann,
den man nur bewundern kann.

Ich kaufte etwas ein und ging.
Wars ein Kollier, war es ein Ring?
Ich weiß es heut nicht mehr genau,
denn ich kauf viel für meine Frau.

Auf jeden Fall, kaum wars vollbracht,
da hab ich vor mich hin gelacht,
denn plötzlich wurde es mir klar,
w e r der hübsche Bengel war:
Ich hatt mich selber nicht erkannt,
als ich da drinn' vorm Spiegel stand! –
Da sieht man mal, das wißt ihr jetzt:
Ein Mann denkt an sich selbst zuletzt!

Doch nun zu euch, ihr holden Frauen,
auf die wir stets voll Liebe schauen.

Wenn wir, so im Vorübergehen,
auch mal nach andern Frauen sehn,
dann tun wir das nur euch zuliebe.
Es locken uns nicht falsche Triebe,
denn jeder sagt nach solchem Teste:
Die Eigne ist doch . . . oft die Beste.

Doch eines ist mir unerklärlich:
Ihr findet es charmant und herrlich,
wenn wir euch sehnsuchtsvoll betrachten.
Wenn wir mit Blicken nach euch schmachten,
dann flüstert ihr ganz liebestoll:
„Ach du, du guckst so wundervoll!"

Wenn jener Blick, der Träume füllt,
statt euch mal einer andern gilt,
es ist genau derselbe Blick,
da werden eure Backen dick
und ziemlich barsch und gar nicht froh
da zischt ihr nur: „Was glotzten so!"

Warum denn das, ihr liebe Leut!
Ihr kennt uns doch und wißt Bescheid.
Versucht es doch – und seht es ein –
so tolerant wie wir zu sein!

Na ja, mer guckt vielleicht mal hie,
doch glotze, glotze tun wir nie!

Jeder strebt, euch zu belohnen,
alles tun wir, euch zu schonen.
Sitze wir in trübe Kneipe,
lasse wir zu Haus euch bleibe,
während wir nach Fusel stinke,
kaltes Bier und Kognak trinke.

Wir könnten zwar darauf bestehen
und euch bitten, mitzugehen,
doch niemand mutet euch das zu,
wir sind besorgt um euer Ruh.
So denken wir – ich wills gestehen –
stets an euer Wohlergehen!

Kennt ihr überhaupt die Mühe,
so von Kneip zu Kneip zu ziehe?
Wenn man neben Säufern pennt,
die mer überhaupt net kennt?

Oder drauß im Kalten stehe:
Mer hat die Frau noch nie gesehe.
Mer weiß ja gar net, was die will!
Schreit se, oder hält se still?!

Was wißt den ihr von der Gefahr
nachts in einer Striptease-Bar,
wo mancher aus den Latschen kippt,
wenn dort so ne Jungfrau strippt?!

Und gehts dann langsam zum Finale,
dann leiden wir Gewissensquale!
Man sitzt dabei mit Ohrensause
und woran denkt mer: An zu Hause!

Und was mer denkt, darf niemand merke!
Das kostet vielleicht Willensstärke!

Ihr glaubt doch nicht . . . ich bitte Sie,
wir gingen zum Vergnüge hie?
Euch wollen wir vom Alltagsrennen
allein ein Stündchen Ruhe gönnen!

Sehn wir dann beim Nachhausegehn,
euch ausgeruht am Fenster stehn,
für all die Worte, die ihr habt,
wenn ihr uns dann so zärtlich schnappt,
für dieses frohe Wiedersehn
zum Abschluß nochmals: DANKE SCHÖN!

Helau!

Wenn Du älter wirst

Büttenrede von Willi Burger

Kostümvorschlag: Hausjacke, graue Perücke

Mit achtzehn hätt man dort sein müsse,
da konnt mans nämlich noch nicht wisse,
wie man sich im Leben irrt,
wenn man langsam älter wird.

Vorm Jahr in Verona wars.
In der Gruft des Liebespaars
Romeo und Julia
war ich auch mit meiner Fraa *(Frau)*.

Süßer Traum der Jugendliebe,
ohne all die Seitenhiebe,
die das Leben unbedingt
nach und nach so mit sich bringt.
Vierzig Jahre Ehejoch
gäbs nen ganzen Katalog!
Und auf tausend heiße Küsse
folgen tausend Kompromisse,
folgen auf die Seligkeit
Ehekrach und Ehestreit,
und auf Zuckerkuchen süß
aufgewärmt Spinatgemüs.

Romeo und Julia,
ihr wart niemals Mann und Fraa (*Frau*).
Ehe euch die Ehe zwickt,
habt ihr euch zu zweit verdrückt.
In der Gruft so still und stumm
ging sie mir im Kopf herum:
Meine eigne Maienzeit.
Ach, war das ne Seligkeit.
Und was war man so versesse,
hätt vor Lieb sich bald gefresse.
Will ich heut nen Kuß von ihr,
heißts: „Hau ab, du stinkst nach Bier!"
Heut heißts nicht wie ehedem:
„Männe, mach dirs nur bequem,
die Pantoffel, lieber Schatz,
stehn schon angewärmt am Platz!"
Man war dankbar bis ins Bett:
„Bist mei goldig Juliett!"
Heut heißts nur mit kurze, knappe
Worte: „Jule, auf mei Schlappe!"

Niemand macht heut gern Reklame,
was man all für Kosename,
wenn das Herz so jubiliert
für sein' Goldschatz hat kreiert:
„Turteltäubche, Rosenblättche,
schnuckiputzig Juliettche,
herzgepoppelt goldig Kindche,
ach wo ist dein süßes Mündche?"
Nicht mer nötig das zu klärn,
heut kann mans schon von weitem hörn.

Sie! Was hatt sie mich so gern:
„Mein Herkules! Mein Augenstern!

Mein starker Held so lieb und treu!"
Heut heißts: „Zieh dein Bierbauch ei,
mach nur weiter ,hoch die Tasse',
da wird dir bald kein Schuh mehr passe!"

Ach, man kann auch nichts vertrage,
hatts am nächsten Tag im Mage.
Früher, ohne abzusetze
konnt ich zwanzig Bierchen petze (*trinken*).
Eben? Zwischen jedem Dippe (*Glas*)
muß man zwei, drei Kurze kippe.

Und mei holde Jugendfee
liebt jetzt Kuchen und Kaffee,
schwärmt nur für Pralinendose,
un die stramme Lastexhose
könne nicht das Glück all fasse.
Früher hatt man mangels Masse
kei Courage wohin zu fühle
ohne was kaputt zu spiele.
Heut da hat man — was ne Schau —
alle Händ voll Ehefrau.

Romeo, dein Juliettche
sahst du nur als goldig Mädche.
Un was wärst du heut am Schlucke,
würdst du die im Bett begucke.
Minnezeit, des Lebens Mai,
die ist leider heut vorbei.
Ach, man ist nicht mehr der Jüngste,
braucht die Wärmflasch bis nach Pfingste,
vor de erste Herbstzeitlose
braucht man lange Unterhose.

Kommt der Lenz mit seiner Lust,
daß es keucht in deiner Brust
wie dereinst beim Happy-End,
hältst du das für Temprament
in dem Hochgefühl des Glücks. –
Es sin die Bronchien, weiter nix!

Was sich innen bei dir rührt,
ist die Leber, die man spürt.
Nicht von Liebe – Gott bewahre,
von de kleine, kurze Klare.
Bißchen Schnupfen, nichts dabei,
braucht man schon sei Arzenei,
muß für alle Leibesdinge
-zig Tabletten runterschlinge
für den Magen, Darm, die Gall,
für vor und nach dem Sündenfall.

Konnt man früher mal nicht penne,
hat man mal nicht schlafen könne
und lag wach im Mondscheinkittel
gabs ein unfehlbares Mittel .....
so alt wie Menschen auf der Welt
und kostet keinen Pfennig Geld.
Heut, um endlich einzuschlafe,
muß man sich Tabletten kaafe.
„Stell den Wecker um halb acht!"
heißts anstelle von ‚Gut Nacht'.
Rarität ist schon ein Kuß,
Bettgeplänkel hartes Muß.

Guckt man neben sich ins Bett,
liegt sie drin, dei Juliett,

schläft mit offnem Mund und sägt,
die Perück ist abgelegt,
Augenwimpern abmontiert,
Krähenfüß dick eingeschmiert,
den Nachttisch ziert ein Sortiment
von dritte Zähn in Kukident,
und auf dem Stuhl bei Rock und Strumpf
liegt ausgebeult der ganz Triumph.
Ich mach mir da kei Illusion:
Der liebe Gott im Himmelsthron
schläft jetzt auch oft bei ihr im Bett.
– Ei, gell ihr kennt den Ausdruck net? –
Wenn sie vor den Feiertagen
ihren Hausputz hat am Kragen,
hat groß Wäsch oder ist müd,
da hört man oft das alte Lied,
halb im Schlaf total bankrott:
„Jetzt kommst du auch noch, lieber Gott!"

O Romeo und Julia,
du weltberühmtes Liebespaar,
du hast das Alter nicht erfahrn
und kamst nie in die Wechseljahrn!
Leider hat sich offenbart,
was man an der ‚Pille' spart,
gibt man eben aus zumeist
für ‚Klosterfrau Melissengeist'!

Liebe, Lenz und Maienzeit,
ach jetzt wird man manches leid,
will im Bett nur noch sei Ruh,
macht die Augen lieber zu.
Wenn man Glück hat, schläft man gut.
Von der Liebe Sonnenglut

bleibt dir als Pensionserhalter
nur noch Sonnenschein im Alter.

In Italien in Verona,
bei Gott Amor in Persona
ist mirs plötzlich aufgegange,
bei dir hats auch so angefange.
Doch vom Kummer nach der Lust
hat man vorher nichts gewußt!
O Romeo, o Julia,
hier in meine alte Jahr
schau ich mir euer Schlafstatt an.
Als leidgeprüfter Ehemann
scheid ich von eurer Gruft mit Grolle:
Man hätt mit achtzehn hier sein solle!

Helau!

Mein Papa

Kinder-Büttenrede von Jochen Kunz

Ich möcht heut einmal konsequent
meim Papa, den so mancher kennt,
sei Schwäche sage und sei Fehler.
Daheim da ist das ein Krakeeler.
Wenn der kei Lust hat – aus dem Stand
störn den die Mücken an der Wand.
Der meckert ständig übers Esse
und hat sei Frau einmal vergesse,
nen Knopf zu nähe an sei Hos,
dann ist bei uns der Teufel los.
Doch hat die Mama mal ne Bitte
und sagt ihm das – vielleicht am dritte –
dann musses ihm am siebten Tage
bestimmt zum x-ten Male sage,
weil er schon zwölfmal unterdesse
gesagt hat: „Ach, ich habs vergesse."
Doch wenn er fort will – solche Tage,
die kann er schon im voraus sage.
Ein Kegelabend, ein Hase-Esse,
das tut mein Papa nie vergesse.

Sein Fußballclub – was sind das Krücke –
den liebt er über alle Stücke.
Für die da ist ihm nichts zu viel,
von dene sieht er jedes Spiel.
Da stellt er sich, mags noch so schneie,
bei minus 15 Grad ins Freie.

Doch soll mit uns er mal in' Wald,
da sagt er: „Nix – es ist zu kalt!" –
Ist Schnee zu kehrn, weils drauß geschneit hat,
schneits immer dann, wenn er kei Zeit hat.
Dann müssen alle seine Lieben
den Schnee für ihn zur Seite schieben.
Sei Frau – wir Kinder tun uns quäle,
bei sowas tut er i m m e r fehle!

Wenn abends er von der Arbeit kimmt,
sitzt er vorm Fernseh ganz bestimmt.
Legt sich dann um und hoch sei Bein
und schalt' es Glotzophonium ein.
Und spätestens nach ner viertel Stund,
da schnarcht er fest und schläft gesund. –
Das geht so bis um halber zehn,
da wird er wach, tut auf dann stehn
uns sagt: „Ihr Leut, ihr glaubt mirs net,
ich werd jetzt müd – ich geh ins Bett."
Und ganz geknickt ins Bett dann geht er
und wie ein Häufchen Unglück steht er
vor seiner Fall – dann fällt er um.
Mei Mama guckt besorgt und stumm.
Was die sich denkt, kann klar ich lesen:
Der Mann – das unbekannte Wesen.

Im Sommer, wenn die Sonne scheint,
macht er auf sportlich – wie er meint,
schlüpft in sei Badehos hinein
und denkt nicht an sei scheppe (*schiefen*) Bein.
Und dann sein Bauch – das ist kein Wunder,
den kriegt in keiner Hos er unter.

Die Vogelwelt in Sommerzeiten
tut unser Grundstück prompt vermeiden.
Wir stellen sachlich die Prognose:
Ne Vogelscheuch in Badehose!

Wenn Freitag ist, da strahlt und lacht er,
dann geht er kegele – so sagt er.
Um sieben er von dannen zieht,
und freitags ist er niemals müd.
Wenn er dann heim kommt – gegen drei,
hat meistens er nen Aff dabei.
Die Mama weckt uns dann inzwische
und sagt: „Der Papa kommt geschliche,
versteckelt euch und guckt genau,
das bietet keine Fernsehschau!"
Nach etwa einer viertel Stunde
hat er das Schlüsselloch gefunde.
Sei Schuh – und das ist nicht geloge –
die hat er drauß schon ausgezoge.
Und jetzt im Hausgang macht er weiter,
zieht Mantel aus und Oberkleider,
dann hat sei Hos er falle lasse,
das war ein Striptease erster Klasse.
Jetzt steht er da in Unterhose,
soll das mein Papa sein – mein Große?
Wenn ich euch den so vor würd zeiche *(zeigen)*,
ihr würdet lauthals ‚Hurra' kreische.
Ein Bild für Götter – exzellent:
Mein Papa – wie ihn keiner kennt!

Helau!

Ein Kühltruhe-Besitzer

Büttenrede von Willi Burger

Kostümvorschlag: Hauskleidung, Hausfrauenschürze, Zeigefinger verbunden

Unter dem Motto ‚SPAR MIT VERSTAND'
kam neulich ne Werbekolonne aufs Land
un hat uns an Hand von Beweisen erklärt,
wir würden zwar sparn, aber leider verkehrt.
Wir gäben für Kotelett, für Rippchen und Höschen,
Karotten in Büchsen und Pilzen in Döschen
entschieden zuviel von dem Wochenlohn aus.
Warum? Wir hätten kei Kühltruh im Haus.
Der Nachbar von hüben un der Nachbar von drüben
die hätten bereits den Vertrag unterschrieben,
die wären auch sicher sehr gut situiert.
Mei Frau hat das Fremdwort anscheinend kapiert
un sagt so von oben: „Wo ist der Vertrag?
Das können wir auch, da gibts gar kei Frag!"

Tausend Mark netto, die Kühltruh war mein,
jetzt stand sie im Haus un es mußt etwas rein.
Ein Gummibaum un drei trockene Äppel,
e handvoll Tomaten, der Rest von de Kräppel,
ein mager Stück Käs un drei fette Mücke,
mehr konnt ich im ganzen Haus nicht erblicke.

Ich hab mir darüber Gedanken gemacht
un hab unsern Hund so ein Weilchen betracht'.

Da meckert mein Weib: „Gell, du bist nicht gesund?
der Bello bleibt leben, du garstiger Hund!"
„Leg du dich doch rein!" so rief ich voll Groll,
„da hältst du dich frisch un die Kühltruh is voll!"

Was soll ich euch sagen, mei Frau hat kei Ruh,
die Kühltruh war da un ich mußt etwas tu'.
Am nächsten Samstag erklär ich: „Es sei!"
un fuhr in die nächste Großschlächterei.
Vom Mastochsenfleisch bis zum mageren Schimmel
das Pfund dreimarkfünfzig, ich war schon im Himmel.
Da hab ich gekauft, ich mach kein Gestrunz,
ein Saukopf, zwei Schinken und drei Meter Blunz,
ein Hinterteil Ochs mit Haut und mit Knoche,
zwei Zentner Rindfleisch zum braten und koche.
Alles ins Auto samt zwölf Dutzend Eier,
der Kofferraumdeckel stand auf wie e Scheuer.
Daheim hab ich alles sauber tranchiert
un hab mir den Zeigefinger kupiert.
„Das ist halb so schlimm", sagt mein Weib ohne Spaß,
„da bohrst du auch nicht mehr soviel in der Nas!"

Doch das nebenbei, das hab ich verdaut.
Ich hab dann den ganzen Krempel verstaut.
Was soll ich euch sagen, da kriegst du e Glatz:
In unserer Kühltruh war immer noch Platz.

Jedoch unser Mutter, als Köchin auf Zack,
die holt aus den Knochen noch 20 Pfund Mark.
Dann hat sie geknetet, gewürzt un gezwiewelt (*gezwiebelt*),
un schnell einen Eimer voll Markklös geriewelt (*gerieben*).
Die kamen uns noch im Urlaub gelege,
wir haben mit sämtliche Camping-Kollege

mit'm Rest von den Markklös – steinhart gekühlt –
am Lago Maggiore Boccia gespielt.

Doch greif ich schon vor un verlier die Kontroll,
zurück zu der Kühltruh, noch war sie nicht voll.
Da hatt mei Gemahlin den glorreichen Spleen,
– wir wußten nicht mit dem Abfall wohin –
aus sämtlichen Resten, der Haut un den Knoche
im ältesten Kochtopf fürn Hund was zu koche.
Wir haben den Innereien-Extrakt
fürn Bello als ‚Do it your Chappi' verpackt.
Doch wies halt so geht, es hat unterdesse
der Bello die Rinderrouladen gefresse.
Wir haben, das hat sich erst später geklärt,
dem Hund seinen Anteil als Gulasch verzehrt.

Doch nicht nur das Eiweiß gehört zu dem Soll,
– die Kühltruh war nämlich noch immer nicht voll –
auch Vitamine un Kohlehydrate
vom Selleriekopf bis zu alle Salate
gehört in die Kühltruh. – Doch sagt mir wovon?
Vom einzigen Blumentopf auf dem Balkon?

Drum drängelt mei Frau: „Du kaufst auf der Stell
irgendwo ne größere Gartenparzell!"
Ich denk an die Arbeit un schon war ich sauer:
„Rutsch mir vom Buckel, ich bin doch kein Bauer!"
„Zwar hast du" erklärt sie energisch wie immer,
„vom ‚Grünen Plan' nur nen bläulichen Schimmer,
doch wirst du – das kannst du mir wohl nicht bestreite –
nen Wirsing vom eigenen Kopf unterscheide!"

So hat mei Gemahlin mit mir über Nacht
einen älteren Bock zum Gärtner gemacht.

Was hab ich in meiner Freizeit geschafft,
die Händ voller Schwielen, am Ende die Kraft.
Was so ein Schrebergarten all frißt!
Acht Ballen Torf und nen Wagen voll Mist.
Dann hab ich beim Gärtner für sündhaftes Geld
nen Zentner Sauerkrautsamen bestellt,
fünf Pfund Tomaten gesteckt mit Geduld,
drei Obstbäum zur mittleren Reife geschult!
Hinten im Eck von der Nachbarparzelle,
— ich hab mir gedacht das sind Schattenmorelle —
da quält sich ein Bäumchen, das gar nicht gedeiht,
das hab ich mit künstlichem Dünger bestreut,
gehegt und gepflegt und die Zweige veredelt,
was hab ich für kostbare Stunden vertrödelt!
Da sagt mir mein Nachbar: „Sie sind nicht ganz klar,
Sie gießen mein' Christbaum vom vorigen Jahr!"

Am 1. Oktober — nebelverschleiert —
da haben wir Erntedankfest gefeiert,
mit sämtlichen Freunden, die Sach kam uns teuer,
es gab Ochs am Spieß über offenem Feuer.
Bei dem Appetit und dem großen Verzehr,
statt voll, war die Kühltruh schon wieder fast leer.
Da hab ich gesagt: „Nicht länger besinne,
wir sammeln jetzt Pilze, wir wern schon was finne!"
Das stolze Ergebnis der Sammelaktion:
Ein schöner Spaziergang, die Brust voll Ozon,
drei Körbe voll Pilze gesammelt wie wild,
die Kühltruh war wenigstens wieder gefüllt. —
Acht Wochen später gabs bei uns ein Fest,
mei Frau hatt Geburtstag, das Haus voller Gäst,
die haben getafelt, das war eine Wucht,
Lende mit Pilzen, ne Mords-Pyramid,
wir haben kein einzigen Pfifferling krieht **(bekommt)**.

Doch jetzt kann ichs sagen, es ist schon verjährt,
wir haben von niemand mehr etwas gehört.
Ein Bombenerfolg, die Idee war famos,
die bucklig Verwandtschaft, jetzt sind wir sie los!

Es hatt sich jedoch schon seit etliche Woche
in unserem Viertel herumgesproche,
wir hätten ne Kühltruh, die wär immer leer.
Von allen Seiten kamen sie her,
unter den Armen Pakete, klein und groß,
mit Zettelchen dran ‚Rote Beete', ‚Grün Soß',
‚Ein Viertel warm Blutwurst' und ‚Bohnen mit Speck',
‚der Rest von der Weinsoß' und ‚Weihnachtsgebäck'.

Letzt kam die Frau Lehmann – was war sie geknickt,
sie hätt unsern Bub an die Kühltruh geschickt,
um ihre Ration für Sonntag zu hole.
Doch unterwegs hätt der Lausbub verstohle
die Zettel von allen Paketen gerisse,
sie hätt halt alles in' Topf reingeschmisse,
jetzt wär in der Weinsoß der Limburger Käs.
Da hab ich gesagt – was war sie so bös:
„Mei Frau ist ein Widder un ich bin ein Stier,
der Bub ist ein Hornochs, der kann nix dafür!"

Jetzt erzähl ich euch noch, was mir widerfuhr.
Es war samstagmorgens so kurz nach neun Uhr,
da hat unser Ortsdiener plötzlich geschellt:
„Heut mittag um zwölf wird der Strom abgestellt!"
‚Ach Gott, unser Kühltruh', hab ich gedacht
und hab mich sofort an die Arbeit gemacht.

Dank dem fremden Portionebestand
war se gefüllt bis ganz an de Rand.
Fünf Stunden später – total unterkühlt –
hab ich so langsam den Boden gefühlt.
Im hinterste Winkel hab ich versteckt
noch restliche Ostereier entdeckt.
Ich bück mich zu weit und fall in die Truh,
fröhliche Ostern, der Deckel klappt zu!

Der ganze Berg von dem kalte Gefräß,
die Ente, die Pute, das Rindfleisch, der Käs,
fällt auf mich drauf – ein tolles Gefühl –
und gleich drauf wurde es elendig kühl.
Ich wußte ja längst, daß die Kühltruh nix taugt,
jetzt hatt sich der Deckel fest angesaugt!
Da konnte ich mich n o c h so sehr biege,
der Deckel war einfach nicht aufzukriege!
Nun will man als Mann ja nicht zimperlich sein,
doch plötzlich da schalt sich der Strom wieder ein!
Ich habe gebrüllt, vorm Mund stand der Keifer,
dann wurde ich steif und ständig noch steifer.
Was hätt ich für ne Wärmflasch gegebe!
Ich merkte deutlich: Jetzt geht mirs ans Lebe!
Stundenlang wurde ich tiefgekühlt,
hab von mir selber nix mehr gefühlt.
‚Jetzt kommst du', so dacht ich, ‚vors höchste Gericht!'
Da seh ich plötzlich meiner Frau ihr Gesicht.
Sie war im Nachthemd und schimpfte mich aus:
„Ich suche dich schon im ganzen Haus!
Wir wollten heut abend doch zärtlich sein.
Daß du dich versteckst, ist wirklich gemein!"
Und wie sie mich rauszieht, flüstert mei Alt:
„Jetzt zeig was du kannst und sei nicht so kalt!"

Da ist die Geduld mir dann wirklich gerisse
und hab die Truh auf den Müllplatz geschmisse.
Mei Frau kauft nun wieder in kleine Portione,
der Garten tut sich jetzt auch nicht mehr lohne,
die Nachbarn behalten ihrn Krempel zu Haus,
kurzum, dieser Kühltruhstreß der ist jetzt aus. –
Und meiner Frau kann mans aus den Augen lesen:
Ich bin auch nie wieder so kalt gewesen!

Helau!